Die verkaufte Haut

„Uns Uwe" wurde 60, „Unser Uwe" wurde 40!

Deshalb von uns Vieren einen herzlichen Glückwunsch und einen kleinen Ratgeber, wie man sich am besten durch das harte Geschäft des (Profi-)Fußballs beißen kann.

Viel Spaß beim Lesen
und viel Erfolg beim Umsetzen
wünschen

Klaus
Anja
Markus
Ingrid

Dieter Hildebrandt · Dieter Hanitzsch

Die verkaufte Haut

List

GELD IST EINE NEUE FORM DER SKLAVEREI.
(Leo Tolstoi)

Gestaltung der Umschlagseiten
Dieter Hanitzsch

3. Auflage 1994
ISBN 3-471-77893-4

Reproduktionen: Litho Eigner GmbH, München
Druck und Bindearbeit: Mohndruck, Gütersloh

Es fängt eine Geschichte an, die wahrscheinlich nie aufhört, weil die Menschen, die darin vorkommen, nie aufhören werden, solche Geschichten zu machen. Der Fußball wird vermutlich immer rund bleiben und in die falschen Tore rollen, Politiker werden immer zu allem fähig sein, denn auf Grund ihrer Fähigkeiten werden sie ja gewählt; Gen-Forscher werden immer weiterforschen, um endlich die erregende Mitteilung machen zu können, daß sie Menschen herstellen können, was angesichts der Tatsache, daß es schon zuviele gibt, keinen Sinn macht. Aber alles geht seinen Gang, nichts bewegt sich, keiner verändert irgendetwas. Kralle allerdings, vom Schicksal mit übernatürlichen Fähigkeiten versehen und Evelyn, ein präpubertäres Genie, der mühelos 20 Professoren der Berkeley-Universität auf die Plätze verweisen könnte, verhindern etwas, nämlich die Vernichtung eines Kulturdenkmals.

Aber niemand tut ungestraft Gutes. Nach einer bisher unveröffentlichten Statistik träumt jeder vierte Mensch gut und erwacht böse. So jedenfalls behaupten es die besserwisserischen Kulturpessimisten, die immer dann, wenn wir von einer Wendung zum Guten träumen, von einem »bösen Erwachen« sprechen.

Der Fußball spielt in dieser Geschichte eine Rolle, und zwar die, die ihm zukommt. Hauptsächliche Nebenrollen spielen Experten der neueren Wirtschaftsethik, Planierraupen in Menschengestalt, Fußballer, Trainer, Schiedsrichter, ein Kanzler, andere Politiker sowie viel Geld und sehr wenig Moral.

Als »Kralle« noch nicht so genannt wurde, hieß er ganz anders,
aber das interessiert vielleicht niemanden.

Den Beinamen »Die Sphinx« verdankte er einer Fähigkeit, die schon im Alter von drei Monaten zur Wirkung kam. Als seine schrille Tante Rita ihn gegen seinen Willen aus dem Körbchen heben wollte, lief er rot an und wurde breiter und breiter, bis er das Körbchen so ausfüllte, daß Tante Rita ihre Bemühungen aufgeben mußte.

Sie war leichenblaß geworden, aber nie hat sie diese Beobachtung anderen Menschen mitgeteilt, weil sie wußte, daß man sie nicht ernst nahm. Um es noch deutlicher auszudrücken: Tante Rita, so hieß es, hätte einen Sprung in der Schüssel.

Und sie war, so empfand es Kralle, lästig. Immer wieder stand sie vor seinem Liegewagen und wollte wissen, wo er ist: »Jawoisserdenn? Jawoisserdenn?« Dabei lag er deutlich sichtbar vor ihr. Damals entstand das erste Mißtrauensverhältnis zwischen ihm und dem Rest der Welt.

Und er dachte: »Ach du Scheiße, das kann heiter werden!«
Kralle war in seinen Beobachtungen schon von
einer gewissen vorgeprägten Renitenz befallen.

Die Mutter von Kralle arbeitete in der Kantine des FC Monacensia, des größten und reichsten deutschen Fußballvereins. Sie war sehr gefürchtet wegen ihres ununterbrochen arbeitenden Mundwerks und ihrer hemmungslosen Mitteilungsbereitschaft, was die inneren Angelegenheiten des Vereins betraf. Reporter pflegten erst sie und dann die Herren des Managements zu befragen. Dadurch war sie geschützt vor den Bestrebungen, sie zu entlassen.

Der Vater von Kralle war viele Jahre lang Religionslehrer in einem Lyzeum. Je mehr er sich dem Leben näherte, um so heftiger entfernte er sich von seiner Kirche.
Als Tante Rita (seine Schwester) in höchster Not einen Teufelsaustreiber bestellte, der Kralle von seinem teuflischen Blähungseffekt befreien sollte, wies er den Satansspezialisten Pater Zehenmüller aus dem Hause, und zwar mit dem überaus treffenden Satz: »Scheren Sie sich zum Teufel!«

Eines Tages verschwand Kralles Vater aus dem Gesichtsfeld seiner Familie. Zuvor hatte er seinem katholischen Orden seine ihm zustehenden Unterhosen, Socken, Hemden und sorgfältig numerierten Meßwein-Rechnungen zurücküberwiesen.

Dann verschwand er im antireligiösen Untergrund. Nicht gänzlich; hie und da tauchte er auf, um seinem Sohn Geld zu bringen, das er sich bei den Mammoniten verdiente, einer sehr erfolgreichen Sekte, die sich zwischen Gott und Geld für letzteres entschieden hatte.

Einige Jahre später...
JUNGE, TUE IMMER GUTES, ABER ÜBERTREIBS NICHT!
PAPA, WO BIST DU EIGENTLICH IMMER?
UNTERWEGS. UNENTWEGT UNTERWEGS!
MACHST DU GESCHÄFTE?
BEHALTS FÜR DICH, JUNGE. JCH BIN BUNDESBAHN-MISSIONAR.
?
JCH STEIGE IN IRGENDEINEN ZUG EIN UND ÜBERREDE DIE REISENDEN, AUS DEN KIRCHEN AUSZUTRETEN!
JST DAS ERLAUBT?
VERBOTEN IST ES NICHT!
PAPA, WAS SOLL ICH SAGEN, WENN DIE LEUTE FRAGEN, WO MEIN PAPA IST?
JM HIMMEL. SAG "IM HIMMEL", DANN FRAGT KEINER MEHR!

Kralle wurde Torwart in der D-Jugend eines Vorortvereins. Nach vier Spielen raunte man sich zu, daß da ein phänomenales Talent heranwachse. Kein einziges Tor hatte der Junge zugelassen. Die kleinen Stürmer der gegnerischen Mannschaften sah man nach erfolglosen Schüssen in Tränen ausbrechen. Von da an nannte man ihn überall »Kralle«.

Kralle weiß bis heute nicht um seine Fähigkeit, den Gegner zu entmutigen. Er wundert sich nur darüber, daß sie ihm den Ball so widerstandslos in die Arme schießen.

Von da an war Kralle »die Sphinx«. Über den Verdacht der Tante Rita, daß hier der Teufel die Hand oder noch was Schlimmeres im Spiel habe, wollen wir nicht nachdenken, zumal sie von dem Vorurteil nicht frei war, daß Vater Kralle, der abgesprungene Ordensgeistliche, der Teufel in Person war.

Nein, solche Fähigkeiten, solche fabelhaften, werden nicht vom Teufel verliehen, sondern sind das Ergebnis einer vorübergehend guten Laune des lieben Gottes.

Immer, wenn Gott sich über große erhebende Momente der Menschheit freute, hat er Kinder, die in diesem Augenblick geboren wurden, mit ungewöhnlichen Talenten beschenkt.

Beispiele gibt es genug, wenn man über die notwendige Kombinationsfähigkeit verfügt:

Als in Paris Europas Großmächte die Gründung des »Fürstentums Rumänien« beschließen, salbt Gott in seiner Freude darüber ein Knäblein, das in diesem Augenblick geboren wird, mit einem besonderen Öl. Das Knäblein erhält den Vornamen Rudolf und erfindet nicht lange danach den nach ihm benannten »Diesel-Motor«.
Abb. 1 zeigt Rudolf Diesel im Alter von 54 Jahren.

Abb. 1

Abb. 2

Am 4. Juni 1882 um 11 Uhr 30 empfängt in Rom Papst Leo XIII. den Kronprinzen des Deutschen Reiches zu einer Privataudienz (Abb. 2). Genau in dieser Minute wird in München Karl Valentin geboren! (Abb. 3)

Abb. 3

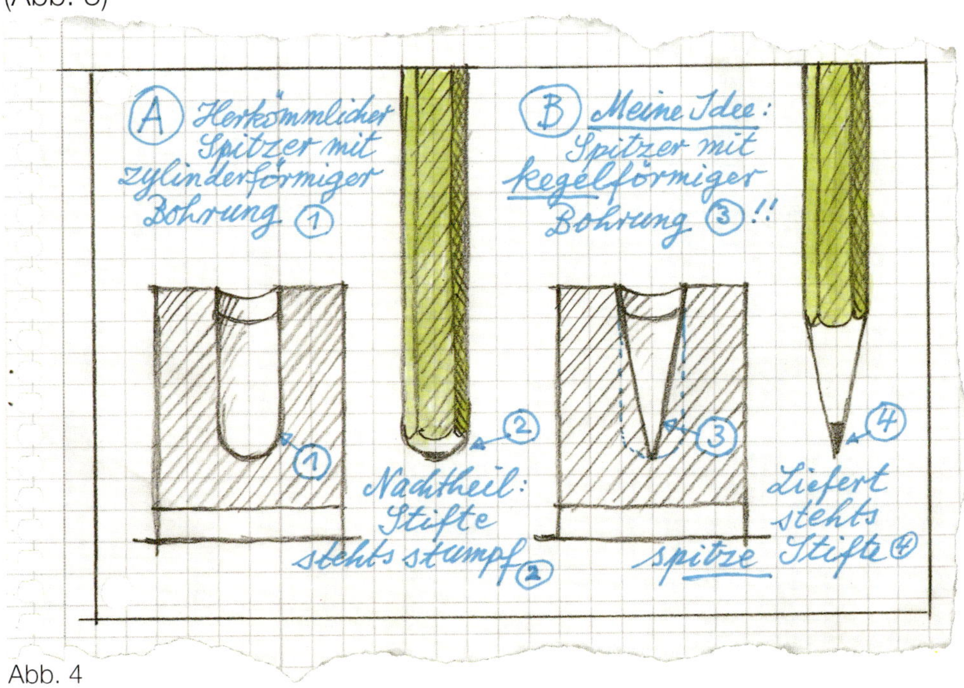

Abb. 4

Und als am 7. Mai 1908 in Erlangen Paul Möbius die Idee für den ersten kegelförmig gebohrten Bleistiftspitzer skizzierte (Abb. 4), erblickte Max Grundig das Licht der Welt, später einer der erfolgreichsten Unternehmer Nachkriegsdeutschlands.

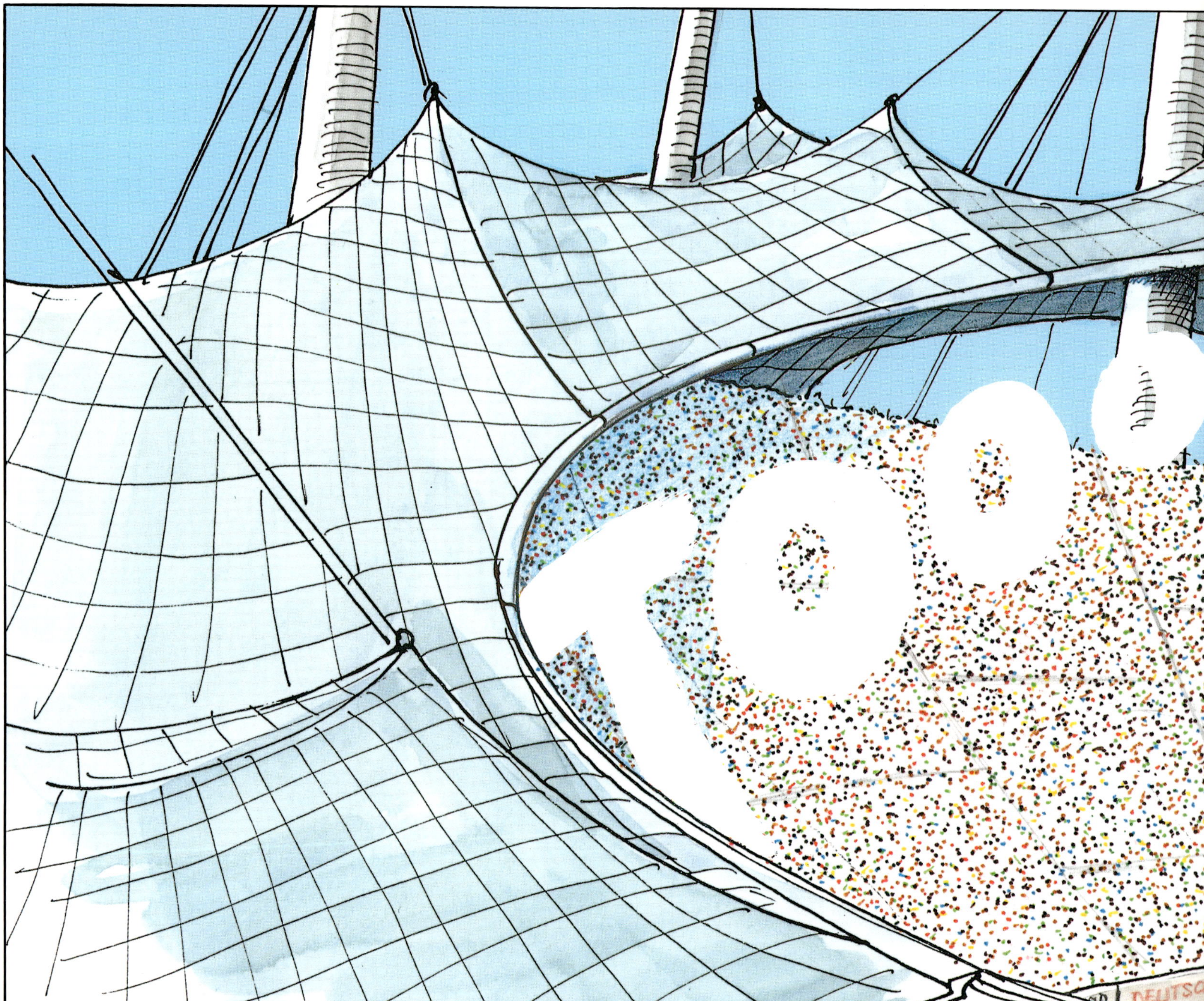

Erhebende
Momente im Leben
eines Volkes sind nicht Momente,
in denen sich das Volk erhebt, sondern solche,
in denen sich das Volk erhaben fühlt, sich als Gemeinsames begreift,
sich an den Händen faßt, Hymnen singt oder Knallkörper schießt.

Der Ausbruch des ersten Weltkrieges soll so ein Moment gewesen sein, aber ganz besonders war es wohl die Sekunde, in der Gerd Müller am 21. Juni 1974 das Siegestor gegen Holland schoß und Deutschland zum zweiten Male Fußballweltmeister geworden war. In diesem Augenblick wurde Kralle geboren!

OOOOOOOOOOOA!
Welt-
meister
1974
BR Deutsch-
land
WM74
Ehrentribüne
VERDOMME!
DEUTSCHLAND über alles · ÜBER a
13
14

Riesenjubelszenen auch auf der Ehrentribüne!
FRANZ
Zur selben Zeit ...
BÄH-BÄH-BÄH-BÄH-BÄH!

Nicht nur einzelnen Personen wird die Gnade beschert, übernatürliche Fähigkeiten auf Grund eines günstigen Geburtstages verliehen zu bekommen. Auch juristische Personen (rechtsfähige Körperschaften) können auf diese göttliche Weise beschenkt werden.

Als im Jahre 1900 die »Boxeraufstände« in China losbrachen, stellte eine europäische Eingreiftruppe, bestehend aus deutschen, französischen und englischen Truppen, die alte Ordnung in China wieder her. Die alte Geschäftsordnung.

Unmengen von chinesischen Aufrührerköpfen verließen ihren Rumpf auf Nimmerwiedersehen.

Jubelrufe aus den europäischen Königs- und Kaiserhäusern.

In diesem erhabenen Augenblick wurde der Fußballclub FC Monacensia gegründet.

Da fällt die Erfindung der Knorr-Bremse zum selben Zeitpunkt nicht so recht ins Gewicht.

Noch konnte in diesem Jahre niemand ahnen, welchen Platz in der Geschichte diese Körperschaft einmal einnehmen würde. Als sie einen Kopf bekam, wurde sie zum Marktführer im Fußballgeschäft.

90 Jahre nach der Gründung des FC Monacensia sagte Geier (der Kopf), anläßlich einer Ohrenbeichte, auf die Frage seines Beichtvaters: »Sage mir Deine Sünde, mein Sohn.«

»Ich glaube, daß der liebe Gott es nicht mag, wenn ich mich für ebenbürtig halte.«

Der Fußball-Club Monacensia bewegt inzwischen größere Geldsummen als die größten Steuerzahler der Stadt. Das hängt nicht von der Menge des Geldes ab, sondern von der Geschwindigkeit, mit der es den Besitzer wechselt.

Das ist zum Beispiel Geier, Max, der Manager, Inhaber einer Spielerhandlung Export und Import en gros mit sehr beschränkter persönlicher Haftung.

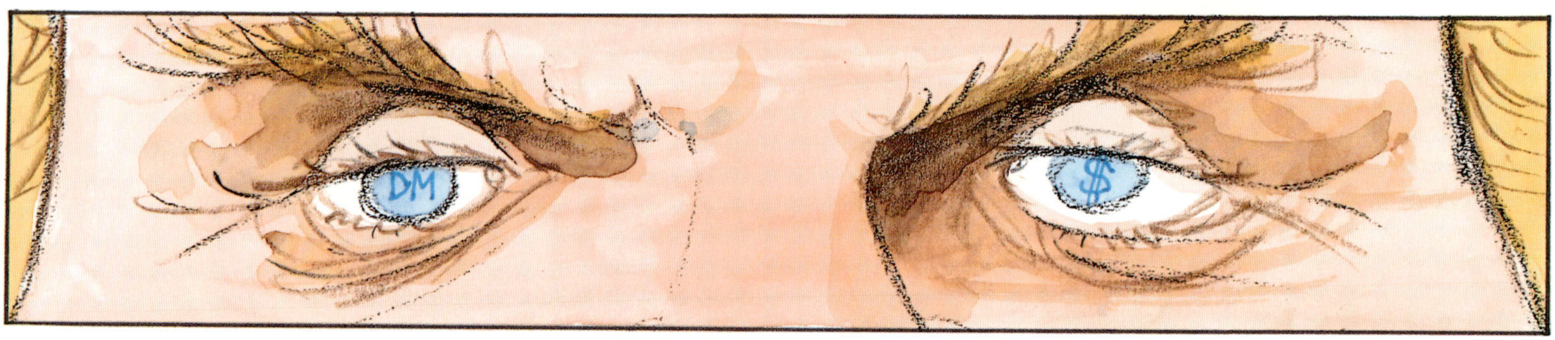

Wittert er ein Geschäft, hat er etwas ganz Gewisses in den Augen.

Er ist jederzeit in der Lage, seine Wertvorstellungen zu wechseln.

Und da haben wir den Präsidenten, Herrn Maier, Franz. Präsidenten von Fußballvereinen werden in der Regel nur gewählt, um die Öffentlichkeit von den wahren Zuständen innerhalb des Vereins abzulenken. Kommt etwas heraus, wird ein neuer gewählt.

Sehr wichtig sind die Kassierer, auch Schatzmeister genannt. Das ist Geier, Hans, der Schatzmeister des FC Monacensia. Sehr wichtig. Denn er zählt hin und wieder das Geld.

Sehr unwichtig sind die Aufsichts- oder Wirtschaftsbeiräte der Vereine. Das einzige, was sie raten, sind die roten Zahlen, in denen sich der Verein befindet.

Sie sind zusammengesetzt wie die Rundfunkräte: Überparteilich-unabhängig und ahnungslos dem Objekt ihrer Aufsichtspflicht gegenüber.

Fußballvereine sind die einzigen Wirtschaftsunternehmen im Lande, die von den Gesetzen nahezu unabhängig sind. Haben sie 10 Millionen Gewinn, dann erfährt man nicht, wo sie hinkommen. Haben sie 20 Millionen Verlust, weiß man nicht, wo sie herkommen. Der Verdacht, daß das letztlich immer der Steuerzahler regelt, wird immer aufdringlicher. Das kostet was.

Das kostet was. Politiker ahnen, daß die Menschen Bälle lieber verfolgen als ihre Ziele. Die Ergebnisse sind überschaubarer.

Als die deutsche Nationalmannschaft 1990 in Rom Weltmeister wurde, stieg die Beliebtheitsquote des amtierenden Bundeskanzlers.

Das ist der Grund dafür, warum die Volkswahl des Bundespräsidenten so einhellig abgelehnt wird, durch die Frankfurter Allgemeine Zeitung. Man fürchtet den »Hindenburg-Effekt.«
Generalfeldmarschall Hindenburg war, als Sieger von Tannenberg, so beliebt im Volke, daß es ihn allen klügeren Politikern der 20er Jahre vorzog. Obwohl er auf die Frage: »Was machen Sie mit Adolf Hitler?« geantwortet haben soll: »Schaun wir einmal.«
Wie die Geschichte so spielt und weht, wiederholte sich dieser Vorgang in den 70er Jahren, als der göttliche Franz seinen Geistvater Franz Josef fragte:

Fußball ist der herrlichste Nebenverdienst der Welt. Die Millionen bekamen Lande-Erlaubnis in der Schweiz.

Gegendarstellung:
Nicht richtig ist, daß das wahr ist. Wahr ist, daß es dafür keine Zeugen gibt. Richtig ist, daß Zeugen gesagt haben: »Das darf nicht wahr sein.« Wahrscheinlich ist, daß die Vermutung, der »bezahlte Fußball« könnte vom Steuerzahler bezahlt werden, richtig ist.

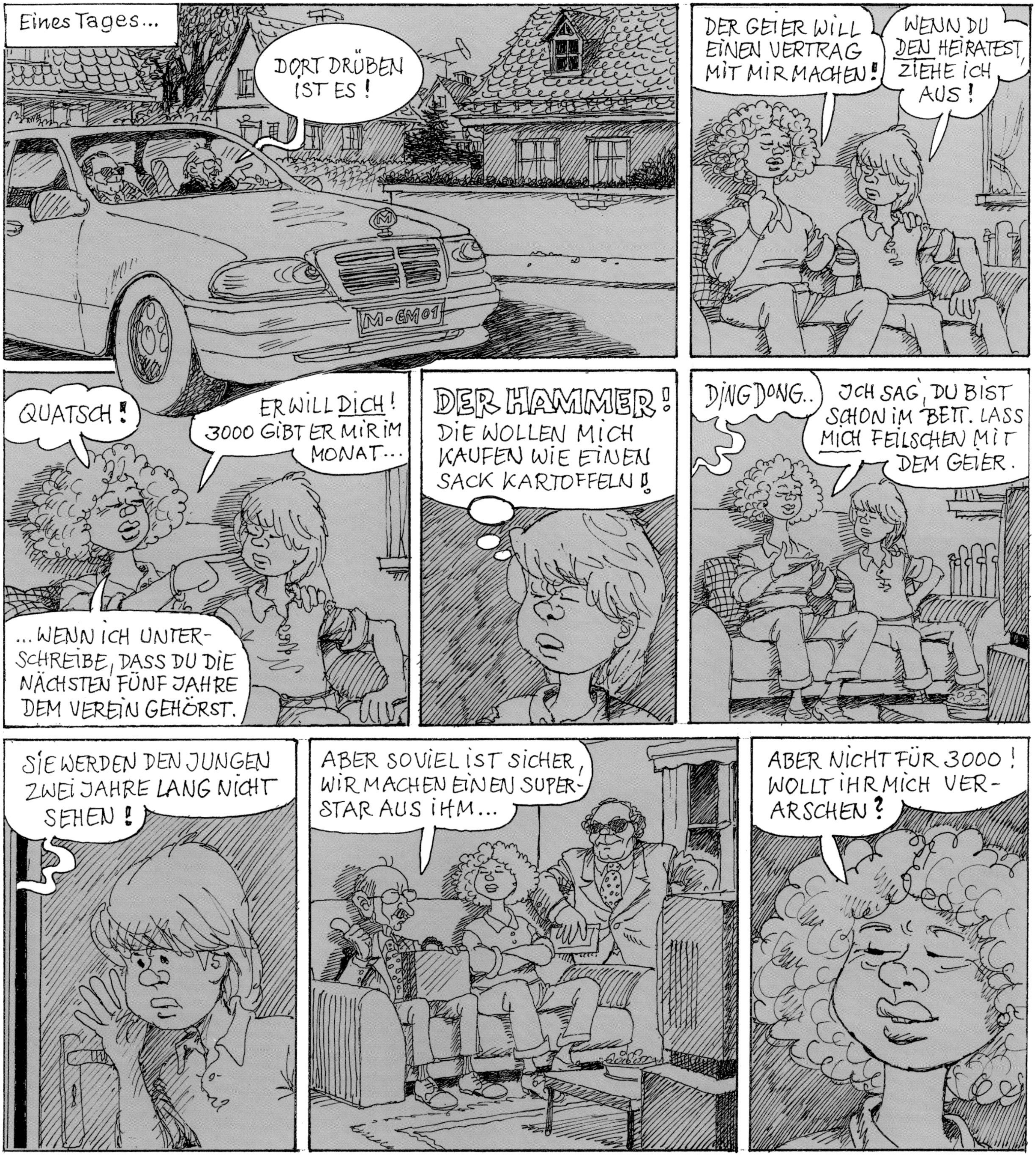
Eines Tages …
DORT DRÜBEN IST ES!
DER GEIER WILL EINEN VERTRAG MIT MIR MACHEN!
WENN DU DEN HEIRATEST, ZIEHE ICH AUS!
QUATSCH!
ER WILL DICH! 3000 GIBT ER MIR IM MONAT …
… WENN ICH UNTERSCHREIBE, DASS DU DIE NÄCHSTEN FÜNF JAHRE DEM VEREIN GEHÖRST.
DER HAMMER! DIE WOLLEN MICH KAUFEN WIE EINEN SACK KARTOFFELN!
DING DONG..
ICH SAG, DU BIST SCHON IM BETT. LASS MICH FEILSCHEN MIT DEM GEIER.
SIE WERDEN DEN JUNGEN ZWEI JAHRE LANG NICHT SEHEN!
ABER SOVIEL IST SICHER, WIR MACHEN EINEN SUPERSTAR AUS IHM …
ABER NICHT FÜR 3000! WOLLT IHR MICH VERARSCHEN?

DAFÜR WOHNT ER UMSONST IN UNSERER FOHLENSCHMIEDE, TRAINIERT TÄGLICH 5 STUNDEN, DANN 5 STUNDEN SCHULE, 3 STUNDEN MASSAGE, DEN REST SCHLÄFT ER!
WIR PASSEN SCHON AUF IHN AUF. ER DARF JA DIE ZWEI JAHRE SOWIESO NICHT RAUS AUS DER ANLAGE!
O.K.? DANN PACKEN SIE IHN EIN, WIR NEHMEN IHN GLEICH MIT!
Vertrag
DM 3000.-
HAHAHA! WAR NUR EIN SCHERZ!
VERDAMMTE SAUEREI! DER ROTZLÖFFEL IST WEG!
VOR WEM DER WOHL WEGLÄUFT...?
UNDANKBAR! HAUT EINFACH AB!
HAST DU KEIN ZUHAUSE?
NEIN
UND WO WILLST DU HIN?
WEG VON ZUHAUSE!
AHA. NA DANN FAHREN WIR MAL ZU DIR NACH HAUSE!
DAS WÄRE ABER GANZ GEMEIN!
HAST DU WAS AUSGEFRESSEN? EINE SECHS IN MATHE?
NEIN...

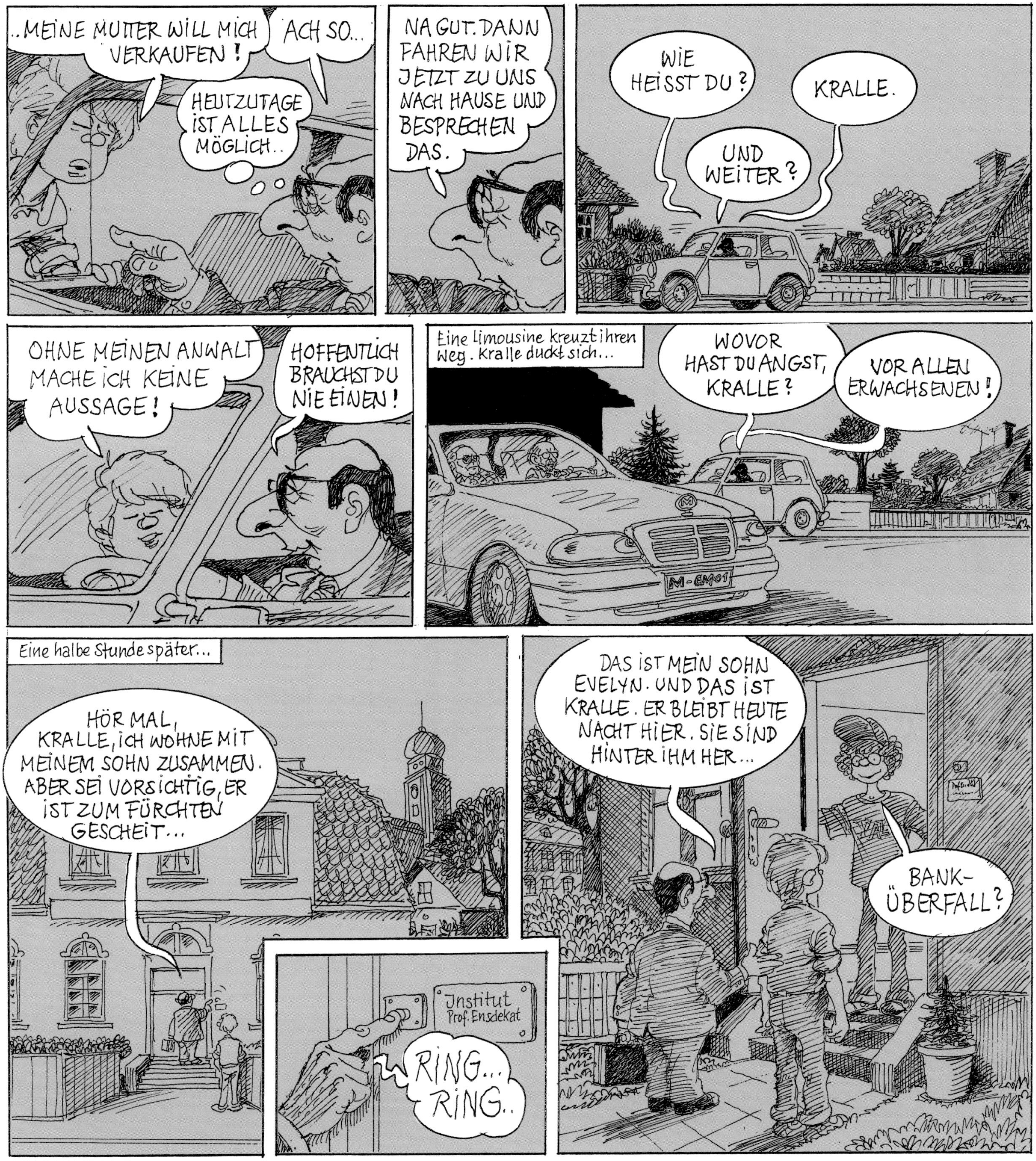
..MEINE MUTTER WILL MICH VERKAUFEN!
ACH SO...
HEUTZUTAGE IST ALLES MÖGLICH..
NA GUT. DANN FAHREN WIR JETZT ZU UNS NACH HAUSE UND BESPRECHEN DAS.
WIE HEISST DU?
KRALLE.
UND WEITER?
OHNE MEINEN ANWALT MACHE ICH KEINE AUSSAGE!
HOFFENTLICH BRAUCHST DU NIE EINEN!
Eine Limousine kreuzt ihren Weg. Kralle duckt sich...
WOVOR HAST DU ANGST, KRALLE?
VOR ALLEN ERWACHSENEN!
M-EM 01
Eine halbe Stunde später...
HÖR MAL, KRALLE, ICH WOHNE MIT MEINEM SOHN ZUSAMMEN. ABER SEI VORSICHTIG, ER IST ZUM FÜRCHTEN GESCHEIT...
Institut Prof. Ensdekat
RING... RING..
DAS IST MEIN SOHN EVELYN. UND DAS IST KRALLE. ER BLEIBT HEUTE NACHT HIER. SIE SIND HINTER IHM HER...
BANK-ÜBERFALL?

SIEHT NICHT SO AUS. WO WOHNEN DEINE ELTERN, KRALLE?
DINGDORF. AN DER LEITE 17...
JHR GEHT AM BESTEN GLEICH SCHLAFEN!
JCH FÜHL' MICH SCHON WIE ZU HAUSE...
Zur selben Zeit vor dem Vereinsheim des FC Monacensia...
FC MONACENSIA e.V. 1900
SCHEISSE, ICH MUSS NACH MARSEILLE!
SCHEISSE, ICH MUSS NACH HAUSE!!!
O.K., DANN KÜMMERST DU DICH MORGEN UM DEN SAUKERL!

Geier, Max, ist in höchster Eile, denn er konnte den Privat-Jet seines Freundes Gottfried Engel wegen des Nachtflugverbots nicht benutzen. Dabei ist ihr Ministerpräsident Mitglied in sämtlichen Räten, Beiräten, Geheimräten, Fonds und Foundations des Vereins! Die Popularität, die er sich durch den FC Monacensia erwirbt, kann er sich durch noch so viele Fernsehinterviews nicht wieder kaputtmachen. Zur Strafe kommt er nicht mit auf den Balkon, wenn wir wieder Meister werden! So.

Ohne Geier, Max, würde Monacensia längst schon Volleyball spielen. So viele Spieler hat der Verein gar nicht gebraucht, wie er eingekauft hat. Manche hat man nie im Stadion herumlaufen sehen. Wo er auftaucht, läuten in allen Ländern der Welt die Alarmglocken der Fußballvereine. Und er ist ein Mann von schnellen Entschlüssen. Einmal sollte in England ein bulliger, beinharter Manndecker eingekauft werden, der billig zu sein schien, obwohl er noch gut erhalten war. Aber, was brachte Geier, Max, mit? Einen vorderen Mittelfeldspieler. Davon hatte man schon zwei zuviel. Der Neue lief auch nicht mehr ganz rund, hatte vor allem nur einen linken Fuß, und der Masseur fragte spöttisch, ob er den rechten trotzdem mitmassieren soll. Leider war er so teuer eingekauft worden, daß man ihn nicht wieder loswerden konnte.

Vor kurzem hat man ihn für den sympolischen Kaufpreis von einer Mark seinem ursprünglichen Heimatverein überlassen. Gelogen ist, daß Geier, Max, einmal mitten im Sommerschlußverkauf einen preiswerten Flügelstürmer erstanden haben soll, den »Der Kicker« als den »Garrincha des vorderen Balkans« beschrieb. Nach dem ersten Training soll man ihn sofort wieder nach Hause geschickt haben. Es heißt, es hätte sich um Zwillinge gehandelt und Geier, Max, wurde der falsche angedreht. Den richtigen Zwilling konnte man ein paar Wochen später in der jugoslawischen Fußballnationalmannschaft sehen.

Der andere Geier ist inzwischen nach Rio unterwegs, um drei jüngere Beach-Kicker für die Fohlen-Farm des FC Monacensia einzukaufen. Den Kaufpreis dafür hat er im Koffer: Drei Lederhosen und einen Stapel Autogrammkarten von Franz Beckenbauer.

Fünf andere Einkäufer durchkämmen seit drei Monaten den afrikanischen Erdteil. Sie sind auf »Perlensuche«. Ein Fax erreicht die Einkaufsabteilung des Vereins: »Toller Bimbo in Baluba. Schickt Scheck.«

Der Schwarzmarkt blüht.

Noch vor Tagesanbruch im total menschenleeren Stadion von „Olympique Marseille".
BONJOUR, MON AMI TAPIE! SIND JOURNALISTEN IN DER NÄHE?
DIE SIND ALLE AUF MEINER JACHT UND FEIERN MEINE ENTLASSUNG AUS DEM KNAST!
SAUBANDE!
IN „L'EQUIPE" HAT SCHON GESTANDEN: „ADIEU TANTE KÄTHE!"
JA, JA, TANTE KÄTHE HAT KEINEN BUMS MEHR. ZU ALT...
WARUM WOLLT IHR IHN DANN HABEN?
HUMANITAS BAVARIAE, MON AMI, DAS GNADENBROT...
ATTENTION!
WAS WOLLT IHR FÜR DEN ALTEN GAUL NOCH HABEN?
ER IST IN TOP-FORM, MON AMI..!
HAB ICH GESEHEN. ER IST REIF FÜR DEN GNADENSCHUSS. ABER WIR NEHMEN IHN. WIEVIEL?
3 MILLIONEN!
ANFÄNGER..
2,5?
6,5 MILLIONEN!
???
MON AMI, ICH BIN IMMER FÜR VISIONEN! WAS HEISST DAS AUF FRANZÖSISCH?
PRO VISION!

Aber nach der Freude darüber, daß er wieder einen Spielerhandel gewinnbringend abgeschlossen hat, faßt Geier, Max, die Wut an über die Niederlage mit Kralle!

WOW!
DIESE INFANTILEN ONPOS HABE ICH NACH DEM ABITUR ABGELEGT!
DIESE WAS?
ONPOS. KOMMT AUS DEM GRIECHISCHEN: ONOMATOPÖIE...
BEDEUTET GERÄUSCH-IMITIERENDE WÖRTER ZUR DIREKTEN WIEDERGABE AKUSTISCHER ERSCHEIN-UNGEN!
ABER JETZT LASS MICH IN RUHE. JCH MACHE MEINE MAGISTER-ARBEIT IN NEUERER GESCHICHTE!
ÖH-ÖH-ÖH-ÖH!
WAS IST DAS?
JCH MUSS RUNTER ZU MEINEM VATER!
DARF ICH MIT-KOMMEN?
NEIN!
BITTE!
NEIIIN!
EINE PHANTASMA-GORIE! JCH BIN TOTAL ÜBER-ARBEITET!
NA GUT. KOMM MIT RUNTER. MEIN ALTER WIRD TOBEN...

EVELYN, WIR MÜSSEN ETWAS FALSCH GEMACHT HABEN. HILF MIR MAL...
KRALLE WOLLTE UNBEDINGT MITKOMMEN, VATER!
BIST DU DENN WAHNSINNIG?
WIESO? WIR HABEN EINEN FORSCHUNGSAUFTRAG...
.. FÜR DAS MOLEKULARBIOLOGISCHE JNSTITUT KASACHSTAN. WEISST DU, WO DAS IST, KRALLE?
WIR SIND ERST BEI SKANDINAVIEN!
SIEHST DU!
WIR ENTWICKELN HIER GANZ GROSSE KARTOFFELN UND RIESENERDBEEREN UND GETREIDE FÜR AFRIKA, DAS OHNE REGEN WÄCHST, ABER GANZ GEHEIM, VERSTEHST DU??
JCH SCHWEIGE WIE WINNETOU, EHRENWORT!
WER IST WINNETOU?
DER HÄUPTLING DER APATSCHEN!
WARUM WEISS ICH DAS NICHT?
BEIM BLUTE WINNETOUS UND OLD SHATTERHANDS KEIN WORT ÜBER DAS, WAS DU HIER SIEHST!
JCH SCHWÖRE!
OLD SHATTERHAND??
MORGEN BRINGE ICH DAS MIT DEINEN VERFOLGERN IN ORDNUNG UND DANN KANNST DU WIEDER NACH HAUSE!
VÄTER MACHEN EINEM IMMER ALLES KAPUTT!

Der Professor hielt sein Versprechen. Sein lückenloses Informationszentrum erlaubte es ihm, Wissen anzuwenden, das zu unverzüglichem Handeln von entscheidungsfähigen Personen führte.

Zunächst erinnerte er den Altlasten-Im- und Exporteur Gottfried Engel an 30 000 alte Autoreifen, für deren Entsorgung er eine ansehnliche Summe erhalten hatte, die er aber zum größten Teil zur Weiterverwendung an die Armee der Tschad-Rebellen verkaufte, wobei ein Restbestand von völlig unbrauchbaren Reifen übrigblieb, die er nach Rumänien gekarrt hatte und dort in einem alten Bergwerk deponierte. Dieses war nur möglich, weil ein Ministerialbeamter auf seiner Lohnliste stand, der wiederum die enorme Bestechungsbereitschaft eines Ministers kannte, dem Gottfried Engel hie und da als Morgengabe ein manchmal nur wenig,

aber meistens gar nicht abgefahrenes Auto vor die Haustür stellen ließ, so daß dieser Minister bereit war, zum Telefon zu greifen, um seinem Schwager dringend ans Herz zu legen, sein Wissen um die Praktiken des ihm vorgesetzten Bankpräsidenten einzusetzen, der

diesen Stuhl nur deshalb innehatte, weil er seiner Partei lästig gefallen war, als sich herausstellte, daß er Informationen über den größten Geldspender der Partei gesammelt hatte, der Inhaber von 17 Waschanlagen ist, wovon eine Geld wäscht.

Unter anderem auch die gewaltigen Summen des Altlastenjongleurs Engel, dem es zu verdanken war, daß alte NVA-Panzer von der Bundeswehr nicht verschrottet werden mußten, sondern unter Beihilfe eines ehemaligen Stasi-Obersten über Tschechien und Rumänien durch den Bosporus nach Anatolien verbracht wurden, woselbst sie, nach Aussagen der türkischen Regierung, als Notunterkünfte für obdachlose Kurden dienen. Weil Gottfried Engel erstens größtes Interesse daran hatte, dies alles in Professor Enskedats Informationszentrum ruhen zu lassen und zweitens im Beirat des FC Monacensia war, befahl er, Kralle in Ruhe zu lassen.

Jn einem JCE nach Frankfurt...
ICE
WIESO WISSEN SIE, WIE ICH HEISSE?
JCH REISE IM AUFTRAG DER MAMMONITEN!
KLINGT IRGENDWIE SYMPATHISCH. EINE NEUE SEKTE?
EINE DURCHGESETZTE RELIGION, HERR ENGEL. 2000 JAHRE LANG HABEN WIR GEPREDIGT...
...DASS ARMUT GLÜCKSELIG MACHT...
...BIS WIR MERKTEN, DASS UNS AUF DAUER DIE BEWEISE FEHLEN.
SIE WOLLEN ALSO GAR NICHT AUF DIESE PENETRANTE WEISE WOHLTÄTIG SEIN ...?
NEIN, NUR TÄTIG...
ICE

WIR HABEN ERKANNT, DASS DER GRUND FÜR ALLE VERBRECHEN DIESER WELT DER MAMMON IST..
WENN DER WEG IST, IST RUHE!
ALSO SAMMELN SIE IHN?
EXAKT. WIR SIND DIE EIGENTLICHE FRIEDENSBEWEGUNG AUF DIESER WELT!
UND WAS MACHEN SIE DANN MIT DEM GELD?
VERTEILEN WIR UNTER DIE REICHEN.
???
GANZ KLAR, HERR ENGEL. MAN MUSS DIE ARMUT DER REICHEN VERHINDERN. DAS BRINGT FRIEDEN!
DIE ARMUT DER ARMEN BRINGT NICHTS, WIE DIE GESCHICHTE LEHRT.

ENDLICH MAL EINE PHILOSOPHIE, DIE MICH ÜBERZEUGT!
DARF ICH UM EINE GRUNDBETEILIGUNG VON 2,3 MILLIONEN BITTEN?
JN GOTTES NAMEN...
DAMIT, HERR ENGEL...
„DRECK-ENGEL", WIE MAN MICH NENNT...
...UND DAS BEKENNE ICH IN STOLZER DEMUT!
...DAMIT, HERR ENGEL, GEHÖREN SIE ZU DEN WAHRNEHMUNGSBERECHTIGTEN DER MAMMONITISCHEN FRIEDENS-BEWEGUNG!
Intercity

Dreck-Engel gehören 12 Spieler in der Bundesliga. Er hat sie von Spielerhändlern gekauft und verleast sie an Bundesligavereine. Die Einnahmen in Höhe von jährlich 6 Millionen verwendet er größtenteils für die Schiedsrichterbetreuung.
Außerdem sind zwei Trainer von ihm abhängig.
Der eine, weil er weiß, daß Engel weiß, wieviel er monatlich für Kokain ausgeben muß, der andere, weil er bei Engel mit 3 Millionen in der Kreide steht, die er mit Bauherrenmodellen verloren hat, welche er von Firmen gekauft hat, von denen er wiederum bis heute nicht weiß, daß sie Engel gehören.
So wichtig Trainer und Spieler für den Fußball sein können, oder für wie wichtig sie sich halten mögen: am allerwichtigsten ist der Schiedsrichter. Pfeift er, geht's los. Pfeift er ab, ist es vorbei. Was er dazwischen pfeift, kostet was. Die Qualität seiner Objektivität kann in Zahlen ausgedrückt werden. Ein Fußballverein, der als Landesmeister in der Champions League mitspielen darf, nimmt allein dadurch mindestens 10 Millionen Mark ein. Einem Bundesliga-Schiedsrichter, der irgendwann einmal den FC Monacensia zur Landesmeisterschaft gepfiffen hat, gehört seit damals ein wunderschönes Ferienhaus bei Malaga.

Mit unverbaubarem Blick auf's Meer!

Bedenkt man einerseits, wie tapfer ein schiedsrichternder Magistratsangestellter sparen muß, um so etwas zu erwerben, muß man andererseits erkennen, welche Wichtigkeit so ein Schiedsrichter gewonnen hat, der mit einem einzigen Pfiff viele Millionen Mark bewegen kann.

Würde man den Berg der Hundertmarkscheine vor Beginn eines Spieles auf den Anstoßpunkt häufen, könnte man deutlicher sehen, um was es eigentlich geht. Ein Pfiff – und die Scheine fliegen in die gewünschte Richtung. Schiedsrichter müssen sehr stark sein, um den aufkommenden Gott in ihnen zu unterdrücken. Glaubt die FIFA immer noch, man könnte es sich leisten, unter 22 millionenschweren Kickern *einen* armen Mann herumlaufen zu lassen, der im übrigen viel mehr rennen muß als alle anderen?
Man verlangt von ihm, daß er immer »auf Ballhöhe« ist. Kann er fliegen?
Holt ihn herunter von dem hohen Roß der absoluten Unbestechlichkeit. Aber gebt ihm auch die Möglichkeit – nach zwei groben Fehlern –, sich selbst die rote Karte zu zeigen und vom Platz zu stellen.

Gottfried Engel, den eine einzige Zeile von Rainer Maria Rilke überzeugt hat, und die er gerne zitiert: »Wer heut ein Haus hat, baut sich keines mehr«, weiß selbstverständlich, daß Schiedsrichter, die schon Häuser haben, mit Häusern nicht mehr zu bestechen sind.

*) aus wettbewerbsrechtlichen Gründen geschwärzt

*) aus rechtlichen Gründen geschwärzt

Selbstverständlich gibt es noch andere Möglichkeiten, Schiedsrichter – und damit Spiele – zu gewinnen. Hier sehen Sie eine scheinbar harmlose Szene. Zwei Spieler (1) kämpfen um den Ball (2). Auf der Bank sitzen: der Trainer (3), der Manager (4), der Kassierer (5) und die Reservisten*). Ganz rechts agiert ein Linienrichter (6), über ihm sieht man die Anzeigetafel (7), die den aktuellen Spielstand zeigt: Der Rivale um die Meisterschaft führt kurz vor Spielende 1:0. Eine scheinbar harmlose Szene, wie gesagt. Nur ein Experte im Fußballgeschäft kann erkennen, was hier wirklich passiert: Eine SSB**), eine sogenannte SPONTANE SCHIEDSRICHTERBESTECHUNG!

*) aus dem Militärischen entlehnte Bezeichnung für Ersatzspieler

**) im Gegensatz zur bereits dargestellten RSB (REGELMÄSSIGE SCHIEDSRICHTERBESTECHUNG)

Monate zogen sich über Jahre. Nachdem Geier, Max, plötzlich seinen erfolgreichen Torwart verkauft hatte, was die Öffentlichkeit nicht verstehen wollte, aber auch die Mannschaft des FC Monacensia nicht – dabei entstand übrigens das vielzitierte Wort von der »Lücke zwischen den Pfosten« –, erinnerte man sich an Kralle.
WO IST KRALLE?
KEINE AHNUNG
UEFA CUP 1961
MUTTER KRALLE, SIE LÜGEN!
HERR GEIER, BEIM LEBEN MEINER MUTTER!
WO LEBT IHRE MUTTER?
SIE LEBT WEITER IN MEINER ERINNERUNG!
WOHIN GEHEN SIE, WENN ICH SIE ENTLASSE?
ZU EINEM VERLEGER, HERR GEIER ES IST NOCH NIE EIN RICHTIGES BUCH ÜBER DIESEN VEREIN GESCHRIEBEN WORDEN
JCH KRIEGS RAUS!

KNAX & SCHIESSER
Schnüffel-Service O.H.

Max Knatter hat viele Jahre lang für eine Boulevard-Zeitung gearbeitet. Mit seinem Photographen Wendelin Schießer sorgte er für Aufhellungen privater Hintergründe aller Art. Seine »Erkenntnisse« führten oft zu sensationellen Auflageerhöhungsschüben seines Blattes. Daß sein Informationsdrang zu einer Sucht führen könnte, merkte er, als er einem Leben auf die Spur kam, das ihm höchst mitteilenswert vorkam.
In einer langen Grübelnacht entdeckte er, daß es sein eigenes war. Und da kam er zu der Erkenntnis: »Warum soll ich für wenig Geld viel herausbekommen, wenn ich auch für viel Geld, das, was ich weiß, verschweigen kann?«
Seitdem verdient er an dem, was nicht gedruckt wird. Sein Kompagnon Schießer, der aus Knattermax kurz Knax gemacht hat, war auf die Idee einer Privatisierung gekommen.

Ein auffälliger Gast an der Bar des FC. Monacensia...
LERNT ER GUT?
ER HAT EINEN GUTEN LEHRER
SIE?
MEIN SOHN!
PSSSST...
Porzellankiste = Vorsicht, Mutter!
KNAX..
MACHT NICHTS..
..DURST HABEN ALLE!
HABEN SIE MAL WAS VON IHREM SOHN GEHÖRT?
JA
?
ALS ICH IHN FRAGTE: WILLST DU NICHT ENDLICH ERWACHSEN WERDEN...
...DA HÖRTE ICH IHN SAGEN: „MAMA, DAS WERDEN SIE ALLE. ICH WILL WAS BESSERES WERDEN.
HAHAHA...
ICH MÖCHTE ZAHLEN!
SCHIESSER, ICH DENKE NACH!
LASS' RAUSCHEN!
KONSPIRATION.. DER KLEINE LACHT.. MUTTER GRINST...
... WIR KOMMEN... DER KLEINE... PSSST... SPUUUR!

Wie immer wieder zu Recht vermutet wird, hat sich die Genforschung längst schon der Praxis zugewendet, denn sie weiß, daß alles, was machbar ist, eines Tages auch gemacht wird. Die Gesetze aber gleichen sich, wie die Erfahrung lehrt, dem Vorhandenen an.
Kant: »Gesetz ist die Regel, nach der das Dasein der Dinge bestimmbar ist.«

47
A

GANZ NEU SIND SIE NOCH NICHT. WIR HALTEN UNS NOCH AN VORBILDER.
VERBESSERTE VORBILDER.
!!!
MIT FEHLERN ALLERDINGS. EIN PAAR DAVON SIND SCHON IN AKTION...
WWWAAS?
YALE
HAST DU MAL NEULICH VON DEM BREMER VORSTOPPER GEHÖRT, DER DREI EIGENTORE IN EINEM SPIEL GESCHOSSEN HAT?
JAAA!
STAMMT AUS UNSERER B-SERIE. WIR HABEN FESTGESTELLT...

... DASS IN DEM MANN DER HALBZEITWECHSEL NICHT PROGRAMMIERT IST. ER SCHIESST IMMER AUF DASSELBE TOR...
WAHN-SINN!
GAME BOY
DAS WORT WAHNSINN KOMMT IN UNSEREM SPRACHGEBRAUCH NICHT VOR!
DER WÄRE MIR GERN GELUNGEN, ABER LEIDER LEIDET ER UNTER FLUG-ANGST...
HDG
Serie C (gelungene Fehlversuche)

DAS HABEN WIR IM AUFTRAG DER CDU GEMACHT. LEIDER MUSS BEI IHR ETWAS LOCKER GEWORDEN SEIN.
YALE
Vorsicht! MISSFUNCTION
Brigitte Seebacher-B. (gelungener Fehlversuch II)
DAS IST UNSER ZUKUNFTSMODELL: DER ALLZWECK-POLITIKER. DRAHTIG, WENDIG, INTELLIGENT, ALLPARTEIISCH. BLEIBT MINDESTENS 15 JAHRE LANG 41. MAN KANN IHN HOLEN, MAN KANN IHN WEGSCHICKEN, ER IST FLEISSIG UND FOLGSAM, ÄH ...
ER IST DENKBAR OHNE BART, MIT BART ...
UND WO IST DER FEHLER?
WIR KÖNNEN SIE NICHT MEHR AUSEINANDERHALTEN

Ein Blick in Prof. Enskedats Skizzenbuch zeigt, daß die Gen-Forschung auch zur Maximierung des Fußballsports außerordentliches beitragen könnte. Sie vermag, körperliche Unzulänglichkeiten zu beseitigen, um die noch vorhandenen Lücken zwischen Anspruch und Möglichkeiten zu schließen.

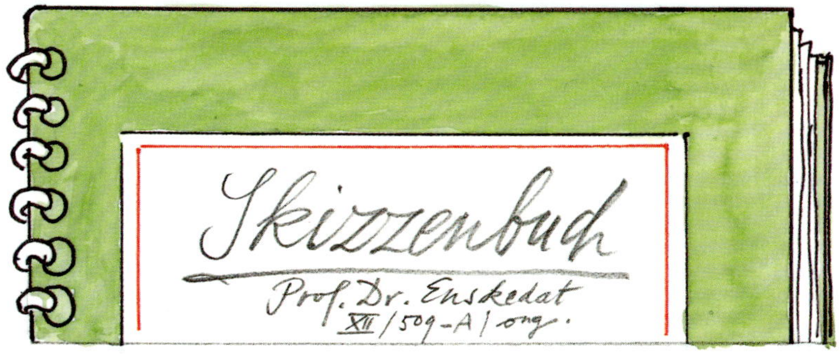

(1) Armloser Fußballer

Vorteil: Das offenbar verbotene Berühren des Balles mit den Händen wäre unmöglich!!

Nachteil: Es gäbe keine Ellenbogen mehr, deren Knochen gentechnisch leicht in robuste Spitzen (A) (B) fortentwickelt werden könnten, in sogenannte ELLENBOGEN-DORNEN (2).

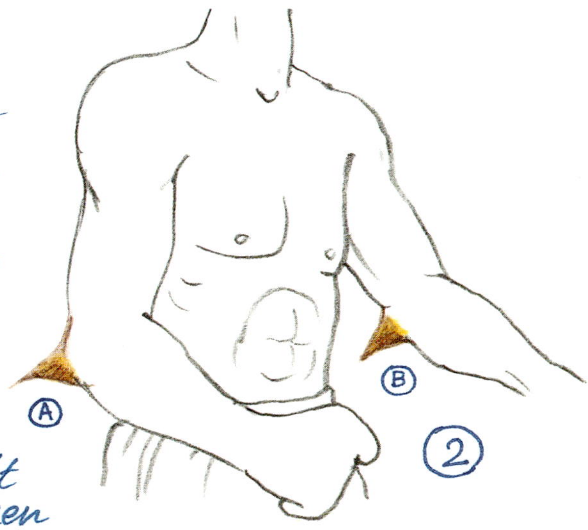

Im Gegensatz zum von mir häufig beobachteten Ellenbogen-Check (Folge höchstens Jochbeinbruch und/oder einige ausgeschlagene Zähne) ließen sich mit den „natürlichen" ELLENBOGEN-DORNEN Gegenspieler sehr viel nachhaltiger ausschalten als bisher (Abb. 3). Zu empfehlen wären passende Vereinstrikots mit langem Arm.

Falsch wäre es auch, sich mit der für Fußballer unerläßlichen Pferdelunge zu begnügen! Warum nicht auch die dazu passenden Beine (A)? Außerdem könnte eine Hand durch eine dreifingrige Raubsaurier-Klaue (B) ersetzt werden. Der von mir häufig beobachtete Griff nach dem Trikot des vorbeieilenden Gegenspielers (C) wäre damit viel effektiver: Die Krallen erfassen ja nicht allein das Trikot, sondern auch die darunter befindliche Haut des Gegners, der sich im Zweifel das Trikot, aber nicht seine Haut zerfetzen ließe.

Auftrag von SAT1: Ich soll einen sprechenden Fußballer entwickeln, der als Co-Kommentator bei Fußball-Sendungen eingesetzt werden soll. Die bisherigen Ergebnisse sind noch unbefriedigend. Die 0-Nummer sieht noch immer so aus und spricht auch wie Karlheinz Rummenigge!!

Später, am Abend...
EVELYN, WIR SIND AM ENDE!!
GESTERN HAST DU NOCH GESAGT, WIR SIND ERST AM ANFANG!
JUNGE, ICH MEINE MIT UNSEREN MITTELN. KEIN GELD MEHR.
SEIT WANN KÜMMERST DU DICH UM GELD?
SEIT ICH KEINS MEHR HABE!
DA GEHST DU EBEN ZUR BANK, DIE HABEN GENUG DAVON!
UND WAS SAGE ICH DENEN, WOFÜR ICH ES BRAUCHE?
FRAGEN DIE JETZT DANACH?
LEUTE, DIE EINIGERMASSEN EHRLICH AUSSEHEN SCHON
WENN DIE SCHWEIZER BANKEN DAS GANZE ERGAUNERTE GELD VON IHREN NUMMERNKONTEN WEGNEHMEN UND AUFSCHICHTEN WÜRDEN, VERDUNKELT SICH IN ZÜRICH DIE SONNE.
GELD IST DIE RACHE GOTTES FÜR DIE 30 SILBERLINGE...
ICH HAB'S!! KRALLE!
WER? WIESO? WAS IST... WARUM?
KRALLE WIRD DER GRÖSSTE TORWART DER WELT...
...UND ICH WERDE SEIN MANAGER!
WAS VERDIENT DENN SO EIN GRÖSSTER TORWART DER WELT?
WIESO? ENTSCHEIDEND IST, WAS WIR VERDIENEN. AN IHM!

WIIIEVIEL?
FUSSBALLCLUB MONACENSIA
WIR HABEN SCHON EINEN VORVERTRAG MIT DEN TOKIOTER SONY-BOYS!
AHA? DAS MACHT DIE VERHANDLUNG NOCH INTERESSANTER!
DANN MÜSSEN WIR IHN DA RAUSKAUFEN!
UND DARAN HABEN SIE NATÜRLICH INTERESSE.
WIE MEINST DU?
INTERESSE, DAS HEISST GENAU ÜBERSETZT: DABEI SEIN
GUUT, JUNGE. WAS HAST DU GESAGT?
8 MILLIONEN
VIEL GELD. DANN ERHÖHEN WIR-SAGEN WIR MAL-AUF 12!
14!
NOCH BESSER!
10% VON 14 MIO = 1,4 MIO
NEIN! 21 MILLIONEN!
WAAS?
UND WAS KRIEGT DER TRAINER?
ES GIBT JA AUSSER MIR NOCH DEN PRÄSIDENTEN ... UND DEN KASSIERER!
EINEN GUTEN TORWART!
DA KOMMEN SIE! SCHIESS', SCHIESSER! JETZT HAT IHN DER GEIER!
KLICK KLICK
ICH HAB' IHN AUCH, HIHI-HIHI...
ACENSIA

Knax & Schießer haben wirklich etwas zu lachen, denn Geier, Max, ist nicht daran interessiert, daß die Sache vorschnell in die Zeitungen kommt, also bekommen sie eine Informations-Vermeidungsgebühr, was durchaus der üblichen Art ihres Wirkens entspricht.

Geier, Hans, hat beschlossen, die Sponsoren des Vereins an einem geheimen Ort zu versammeln, um sie zu größeren Geldspenden zu bitten. Gewöhnlich folgen ihm, wo immer er hingeht, hinfährt oder fliegt, die verhaßten Journalisten, weil sie mit Recht annehmen, daß dort, wo Geier ist, interessante Dinge geschehen. In den meisten Fällen werden dann Trainer gefeuert, Spieler angeheuert oder Intrigen angezettelt.
Dieses Mal will er ganz besonders vorsichtig sein und wählt als Treffpunkt das liebliche, fromme Altötting, wohin er sich als Pilger begeben hat. Dorthin, meint er, folgt ihm keiner.

Vater Kralle, der sich gern in die Höhlen der Löwen begibt, um spontane Kirchenaustritte zu sammeln, hie und da auch auf Brüstungen steigt, um die Leute davon zu überzeugen, daß man an allen Mauern des Vatikans das Verfallsdatum entdecken könne, ja, daß die Vermehrung des Menschen per se ein Umweltschaden sei, war wieder als Kondomprediger unterwegs.
WILL DER DA RUNTER?
DA OBEN IST ER!
KEINE CHANCE, WENN DER MOB DA NICHT AUSEINANDERGEHT!
MOMENT!
SCHON, ABER WIE?
DAS IST DOCH...

ES LEEEBE MARTIN LUTHER!!
Hiiilfä!
DER LEIBHAFTIGE!!
30 Sekunden später; der Altöttinger Kapellplatz ist völlig menschenleer...
BS
BETON SEPP
SEHR ÜBERZEUGEND, DER KLEINE...
JCH WEISS...

Hier war ein ganz wichtiger Mann zu den Sponsoren gestoßen: Senator Josef Schreckhuber, der größte Bau-Saurier des Landes. Sein größtes Hobby: Betonieren.

Einmal am Tage pflegt er mit seinem Spezial-Hubschrauber aufzusteigen, um die letzten grünen Flächen der Stadt zu beseitigen. Wo immer er Äcker oder Wiesen sieht, stößt er hinunter und tut seine Pflicht. Darum nennt man ihn allerorten den »Beton-Sepp«. Schrebergärtner fürchten ihn wie Mäuse den Habicht.

Das ist Joschka, Schreckhubers Dackel. Er ist auf Gras und alles Grüne dressiert und meldet seinem Herrchen jeden Grashalm, den er findet. Und er findet jeden.

Für die entgangene Schlagzeile »Elefantentreffen in Altötting!« bekamen Knax & Schießer den üblichen »Non-Info-Scheck«, wie Knax es zu nennen pflegt. Dafür mußten sie allerdings versprechen, dem ersten Training von Kralle fernzubleben.

Eine Stunde vor dem Beginn des Trainings hatte es einen heftigen Streit zwischen dem Trainer und den Entscheidungsträgern gegeben. Der Trainer war strikt gegen den Einkauf Kralles.

Der neue Trainer hatte ohnehin schon seit drei Wochen im Hotel gewohnt und bereits einen Vertrag. Es handelt sich um Pfeiffer, den Schleifer.
DIESEN ÜBERBEZAHLTEN SCHNARCHSÄCKEN MUSS MAN REGELMÄSSIG IN DIE EIER TRETEN, SONST FUNKTIONIEREN SIE NICHT!
MIT DEM VERSTAND SIND SIE NOCH IN DEN WINDELN...
...MIT DEM ARSCH SCHON IM PORSCHE!
WER KEINE MOTIVATION HAT, FLIEGT BEI MIR!
BALL
DAS HEISST, ES IST MIR VÖLLIG EGAL, WAS EINER WILL, HAUPTSACHE, DASS ER EINE MOTIVATION HAT!
WAS DER GEGNER MACHT, IST WURSCHT. WIR SIND KEINE SCHWESTER THERESA, SONDERN SENSENMÄNNER, SOLANGE UNSER FEIND GEFÄHRLICH HERUMLÄUFT!
WIR GEBEN KEIN PARDON SOWIE DEN BALL NICHT HER, WENN WIR IHN HABEN!
VORSÄTZLICHE KÖRPER-VERLETZUNG IST SO-LANGE ERLAUBT, WIE ES DER SCHIEDS-RICHTER NICHT SIEHT!
UND DAS WIRD GEÜBT BIS ZUM UMFALLEN, IHR SAFTSÄCKE!

Jede Viererkette hat einen Treter, einen Beißer, einen Spucker und einen Speaker.
Der Speaker verpöbelt die gegnerischen Stürmer: »Hey Nigger, du stinkst!«
Der Spucker trifft mit einer Chancenauswertung von 98 % das Auge des Gegners.
Der Beißer verbeißt sich in den Gemächten.
Der Treter vollendet das Werk der Speaker, Spucker und Beißer und tritt seine Feinde in den Ruhestand.

Ein eher feine Methode, dem Gegner zu schaden, ohne dessen Gesundheit zu gefährden, ist der selbstinszenierte Todessturz, auch als Klinsmann-Schwan bekannt. Am besten gelingt er bei hohem Tempo (25 km/h).
Man fällt – ohne vom Gegner auch nur berührt worden zu sein, zeigt aber dem Schiedsrichter, wo der vermeintliche Übeltäter sein könnte ①.
①
Total falsch wäre es, sofort zu Boden zu gehen. ②
②
Man steigt erst einmal hoch (je höher, desto eindrucksvoller) ③ und biegt sich dann möglichst weit zurück, was an einen von der Kugel gefällten Soldaten erinnert ④
③
④

Dann beginnt die Anflugphase. Zunächst ca. 3 m horizontal ... ④
... und danach geht es im leichten Schrägflug nach unten.
Geschickte Selbstfaller suchen sich vorher die Stelle ...
... wo der Rasen noch gut erhalten ist ⑤.
⑤
Die wichtigste Phase des Klinsmann-Schwans beginnt erst jetzt! Anfänger wälzen sich mit schmerzverzerrtem Gesicht auf dem Boden. Das ist total falsch. Man muß beim Schiedsrichter den Eindruck eines Toten machen. Und Tote bewegen sich nicht. Achtung: Stellt der Schiedsrichter ihren unschuldigen Gegner vom Platz, dürfen Sie nicht lachen ...
... oder höchstens auf der dem Schiedsrichter abgewandten Seite!

Selbstfaller im Strafraum nennt man „Schwalbe". Bei geschickter Durchführung wird eine „Schwalbe" mit Elfmeter belohnt und hat schon oft zum Sieg verholfen.

Auch in der Politik wird oft versucht, sich unfair Vorteile zu verschaffen. Da kann man vom Fußball einiges lernen, wobei man manche Tricks nicht ohne weiteres auf das Feld der Politik übertragen kann.

HE, DU BETTNÄSSER, WER HAT DIR DENN WEISMACHEN WOLLEN, DASS DU FUSSBALL-SPIELEN KANNST?
Anders bei diesen Beispielen.
HE, SIE BETTNÄSSER, WER HAT IHNEN DENN WEISMACHEN WOLLEN, DASS SIE POLITIK MACHEN KÖNNEN?
In der Politik fehlt allerdings der Ball.

Diese im Fußball beliebte Methode, den Gegner am Weiterkommen zu hindern …

… könnte in der Politik leicht zu Mißverständnissen führen.

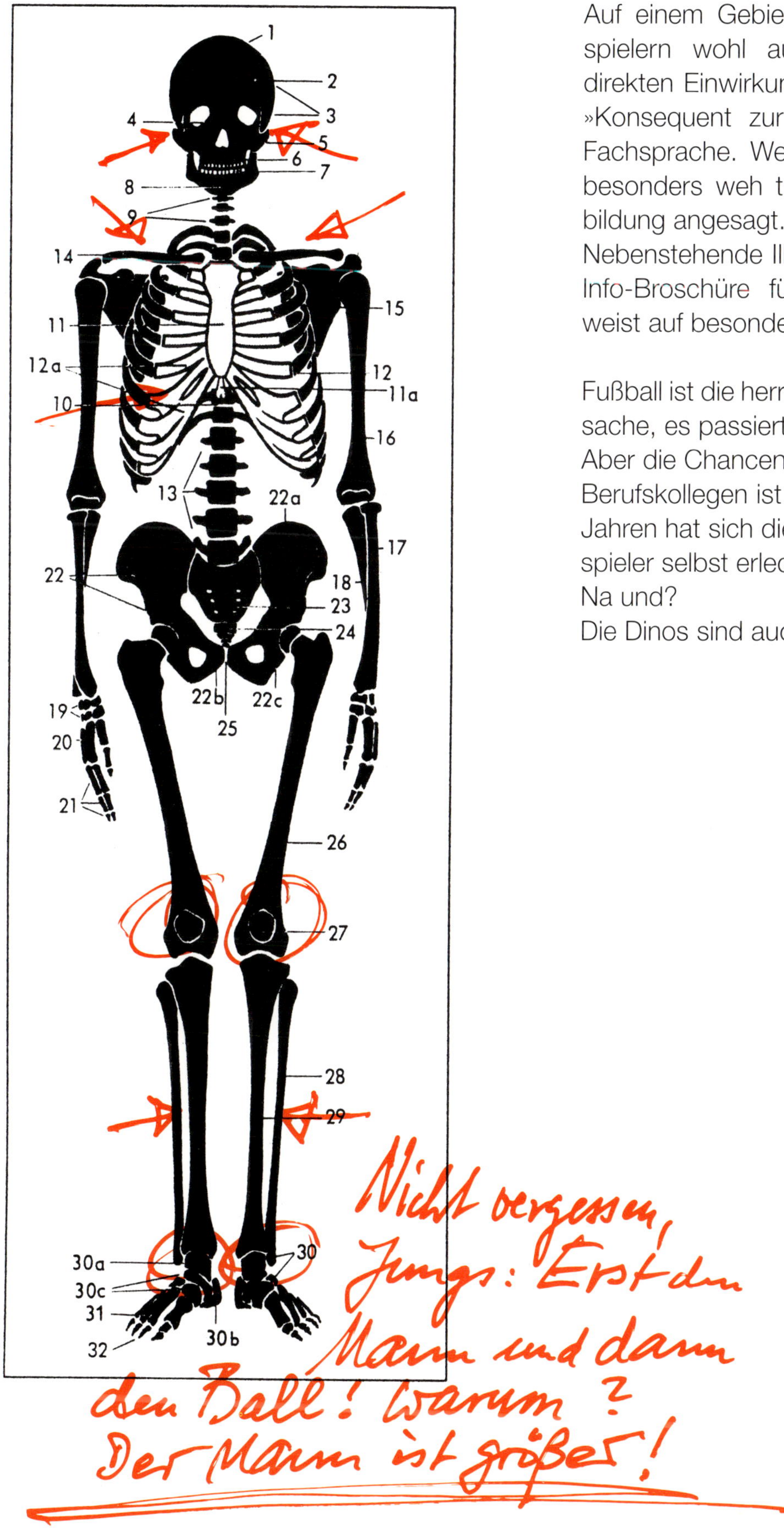

Auf einem Gebiet werden die Politiker den Fußballspielern wohl auf ewig hinterherhinken: Bei der direkten Einwirkung auf die Gesundheit des Gegners. »Konsequent zur Sache gehen«, heißt das in der Fachsprache. Weil es sinnvoll ist, zu wissen, wo es besonders weh tut und vor allem länger, ist Weiterbildung angesagt.
Nebenstehende Illustration entstammt einer geheimen Info-Broschüre für konsequente Abwehrspieler, sie weist auf besonders attraktive Problemzonen hin.

Fußball ist die herrlichste Nebensache der Welt. Hauptsache, es passiert nichts.
Aber die Chancenauswertung bei der Eliminierung von Berufskollegen ist nahe 100 Prozent. In spätestens 30 Jahren hat sich die Berufsgenossenschaft der Fußballspieler selbst erledigt.
Na und?
Die Dinos sind auch ausgestorben.

Inzwischen hatte der
Kanzler über seinen
eigenen Ausspruch
nachgedacht:
»Eine neue Politik braucht
den neuen Menschen.«

VOR UNS LIEGT DER ERNST DER LAGE, DIE IN JEDEM FALL AUF UNS ZU-KOMMEN WIRD!
MACHEN WIR ES KURZ...
...JCH BRAUCHE, UM DIESES LAND WEITER-HIN ERFOLGREICH ZU REGIEREN, EINE BERECHENBARE DKP!
DKP?
YALE
EINE DEUTSCHE KOALITIONSPARTEI, DIE KEINE ZICKEN MACHT!
LEIDER SIND WIR IN DER STÜCKZAHL NOCH ETWAS BEGRENZT!
DREI GENÜGEN! NACH AUSSEN LIBERAL, NACH INNEN LOYAL!

JRGENDEINE WELT-ANSCHAUUNG?
MUMPITZ! BERECHENBAR IST WICHTIG!
ALSO OHNE ERKENN-BARE EIGENSCHAFTEN?
SO IST ES! HABEN SIE KATALOGE?
NOCH NICHT! ABER WIR ARBEITEN AN EINEM POLITIKER MIT LP-FAKTOR!
L.P.... LIBERALE POLITIK? EIN AUSLAUFENDES MODELL?
NEIN, NEIN! LP BEDEUTET LENKBARES PROBLEMBEWUSSTSEIN!
DAS KLINGT JA ZUKUNFTSWEISEND, HERR PROFESSOR!
HABEN SIE DA BESONDERE VOR-STELLUNGEN?
YALE

WE ARE THE CHAMPIONS!
WE ARE THE TSCHÄMPIENS!
JCH BRAUCHE MITARBEITER, DIE ZUR RICHTIGEN ZEIT AM RICHTIGEN PLATZ SIND!
DARF ICH, HERR BUNDESKANZLER, VERMUTEN, DASS DA FLEXIBILITÄT EINE KLEINE ROLLE SPIELEN WIRD?
DARFST DU, MEIN JUNGE! BEACHTE ABER IMMER: L'ETAT C'EST MOI - DAS GELD GEHÖRT MIR!!

Professor Enskedat war es inzwischen gelungen, die Mammoniten für sein Projekt zu interessieren.
Zunächst starr vor Staunen, dann aber sofort berechnend, was für Möglichkeiten sich da auftun würden, wieviel Macht man erlangen könnte, wurden sie gierig. Der Beton-Philosoph Schreckhuber bestellte bei Enskedat drei Gleichgesinnte. Krallevater hatte so etwas wie Dschingis Khan im Sinn. Geier, Max, bestand auf einem Wunderstürmer, der Dreck-Engel aber hatte die originelle Idee, sich selbst nochmal schaffen zu lassen, um mit verdoppelter Anstrengung das Unheil vergrößern zu können. Der Professor aber begann, auf das inständige Drängen von Evelyn hin, einen noch unbedenklicheren Mann, als sie alle es schon waren, zu schaffen, das heißt, er fing mit den Schuhen dieses Mannes an, in welche man im Falle eines Scheiterns aus alter Gewohnheit alles schieben kann. Es war dem Professor vorbehalten, zu wissen, wer in diesen Schuhen einmal stecken würde.

Anläßlich einer Mammoniten-Sitzung im Hause Prof. Enskedats
...UND DANN BETONIERE ICH DEN PETERSPLATZ!
JDIOT! DER IST DOCH SCHON!
ZUNÄCHST VERBIETEN WIR SÄMTLICHE CHRISTLICHEN RELIGIONEN UND ZIEHEN IHR VERMÖGEN EIN..
JCH KAUFE MIR DIE CSU!
JCH KAUFE MIR DIE FERNSEH-RECHTE AM WELTFUSSBALL FÜR DIE NÄCHSTEN 1000 JAHRE!
Da öffnete sich plötzlich die Tür und Professor Enskedat sagte:
JCH BRINGE EINEN ÜBERRASCHUNGS-GAST MIT!
PERFEKT GELUNGEN, UND NUN, GESCHICHTE, NIMM DEINEN MANTEL UND EINEN NEUEN VERLAUF!
Ü-GAST
Neue CSU-Satzung

Nach einigen Tagen tauchten allerorten Gerüchte auf, man habe Strauß im Lande gesehen.

Kurz darauf konnte Bayerns Ministerpräsident unbesorgt wieder in sein Heimatland zurückkehren. Was war geschehen? Professor Enskedat hatte seinen »Strauß« stolz ein paar von dessen alten Freunden vorgeführt – um ihn auf weitere Verwendbarkeit hin zu testen – und hatte entsetzt feststellen müssen, daß ihm bei der Produktion ein katastrophaler Fehler unterlaufen war. Sein »Strauß« sprach sächsisch.

Ach, man hätte die Geschichte neu schreiben, alle Wahlkämpfe sofort abbrechen können, aber Enskedat hatte Strauß die Stimme von Walter Ulbricht beigegeben. Ein Strauß poltert. Er fistelt nicht.

Der DSU-Ortsverband Zwickau meldete der Parteimutter in München ein neues Mitglied. Der Neue sei praktisch aus dem Nichts aufgetaucht und rhetorisch außerordentlich begabt. Obwohl er aussehe wie Franz Josef Strauß, berechtige er doch zu den schönsten Hoffnungen: Er spreche nämlich perfekt sächsisch.

Kralles Vater verließ wieder die Stadt. Er soll in letzter Zeit häufig im Umkreis des italienischen Ministerpräsidenten Berlusconi gesehen worden sein.

Kralle galt inzwischen als der Torwart Nummer Eins in der ganzen Welt. Sein Marktwert lag bei 40 Millionen Mark. Das heißt, er war unbezahlbar und absolut unverkäuflich. Seine hohen Einkünfte verwandelte Evelyn in Immobilien. In der deutschen Nationalmannschaft hat er dennoch nie gespielt. Der Bundestrainer meinte, er sei »zu unbeweglich.«

Eines Tages war der Bundestrainer verschwunden. Hatte ihn die böse Presse ins Exil getrieben? Oder der tief enttäuschte Bundeskanzler, der für das Weltmeisterschafts-Endspiel in den USA schon 15 Düsenjets auf SATskosten geordert hatte, um mit der gesamten Führungs-Elite der Regierungskoalition das Siegestor der deutschen Buben zu bejubeln?
Berti, der Tor des Jahres, hatte das christdemokratische Doping versäumt, seinem Übervater einen Triumph vermasselt, indem er die roten Socken aus Bulgarien gewinnen ließ. Hatte Berti sich erschossen? Vergiftet? Oder hatte Helmut ihm die grünseidene Schnur des türkischen Wien-Belagerers schicken lassen? Knax und Schiesser waren auf der Spur.
St. Gilgen am Wolfgangsee
Sommersitz des deutsch. KANZLERS
DEUTSCHE BANK

DU MUSST FÜR EINE WEILE UNTERTAUCHEN, BERTI!
Es gehört zu den wunderbaren Eigenschaften Bertis...

... Empfehlungen des verehrten Bundeskanzlers wörtlich zu nehmen...
AUFTAUCHEN! SOFORT AUF-TAUCHEN!
DUMMER BUBB! WASSER HAT DOCH KEINE BALKEN. BESONDERS UNTEN NICHT
St. Gilgener Allgemeine
Kohl rettet Vogts vor dem Ertrinken!
Gemeinde schenkt Vogts eine Tauchausrüstung
BERTI, TAUCH AUF. HANNELORE HAT EINEN EIER-KUCHEN GEMACHT!

Am späten Nachmittag führt der väterliche Seelsorger den staunenden Bubb in die Geheimnisse seines Spezial-Aquariums ein. Eine großzügige Spende des deutschen Sonderfonds für bilaterale Spezialaufwendungen hatte es ermöglicht, die bunte, reiche Fischwelt der Molekuden, Archipellen, Barracuden, Schinellen und anderer deutscher Kolonien in einer abgeschiedenen Bucht des österreichischen Wolfgangsees zu einer Wohngemeinschaft zu vereinigen. Meisterstück dieser Schöpfung ist ein elektronisch gelenktes Korallenriff, das leider allerstrengster Geheimhaltung unterliegt und hier nur angedeutet werden darf (folgende Seite unten links).

Süßlippe
Zickenbarsch (unter Artenschutz!)
Großer Maul-brüter
Mimikry-Forelle
USOs *)
*) Unidentified Swimming Objects
Maskierter Hai
Rotes Seh-pferdchen
USO
HELMUT, ICH BEWUNDERE DICH, HERR BUNDES-KANZLER!!
WIR BEIDE, BERTI, HABEN EIN STARKES MITTELFELD. DURCHHALTEN, BUBB, SONST KOMMT EIN BESSERER NACH!
Ping

WIR BRAUCHEN JAPANER, FRANZ! JAPANER SPIELEN DEN FUSSBALL DER ZUKUNFT. JCH HAB'MAL DORTGESPIELT...
JCH HAB'DEN ERSTEN UMSPIELT, DANN DEN ZWEITEN, DEN DRITTEN...
...UND BEIM VIERTEN HAB'ICH GEMERKT, DASS ES IMMER DERSELBE WAR!
NOCH... DIE GESETZE PASSEN SICH DEN NOTWENDIGKEITEN AN.
ES IST VERBOTEN, KNAX!
MENSCH MAIER, FRANZ, PRÄSIDENT. DAS GELD FÜR KRALLE REICHT FÜR ZWEI NEUE MANNSCHAFTEN! WAAS? REVOLUTION? WAS IST EINE REVOLUTION GEGEN EINE PROVISION? DER BURSCHE GEHÖRT ZU MILAN!
DIE VERKAUFEN KRALLE!
DAS IS KEIN FUSSBALLCLUB, SONDERN EINE SPIELERHANDELSFIRMA!

Am nächsten Tag unterbrach der Ministerpräsident vor dem Parlament seine Rede, in der er die Chefärzte des Landes vehement gegen den Verdacht verteidigte, einen schwungvollen Nierenhandel zu betreiben. Gerade, als er zornrot den Satz herausstieß:

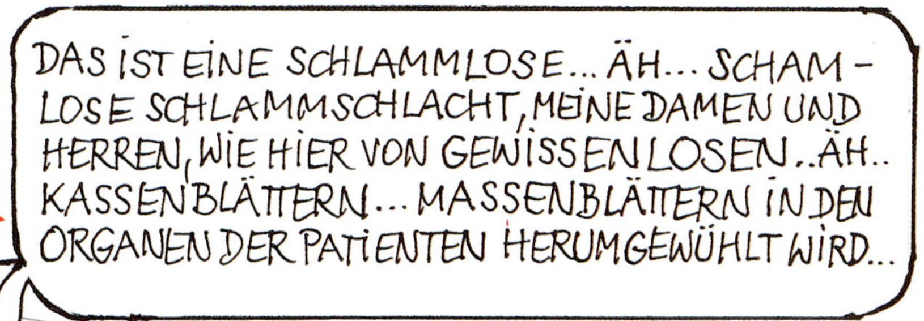

Zwei Stunden vor Spielbeginn ist das Stadion bereits gefüllt. Die Ordner melden eine »überhitzte Atmosphäre in Süd- und Nordkurve«. Transparente werden aufgerollt:

»GEHT KRALLE – GEHN WIR ALLE!«

»GEIER IST DER TÄTER UND KRALLE DER VERRÄTER!«

Die Polizei riegelt vorsorglich den Innenraum ab.

In den Katakomben des Olympiastadions findet eine geheime Krisensitzung statt. Teilnehmer: Maier, Franz, der Präsident. Geier, Max, der Manager. Geier, Hans, der Kassierer und Kralles Manager Evelyn. Vor allem Geier, Max, ahnt, was das bedeuten könnte. Weiß er doch, daß Schreckhuber durch seine Vertrauensleute im Finanzministerium weiß, wer ihn wegen einer Steuerhinterziehung von 37 Millionen verpfiffen hat, um ihn als möglichen Präsidenten unmöglich zu machen. Er ist aber nicht sicher, ob die Anzeige beim Finanzministerium genügt, weil er weiß, daß 37 Millionen hinterzogene Steuern in diesem Lande noch lange keine Zukunft als Krimineller garantieren.

*) Herr Berlusconi ist allerdings nicht nur Bau-Unternehmer (Anm. d. V.)

DER SCHRECKHUBER RUFT AUS DEM HUBSCHRAUBER AN! WENN ER NICHT PRÄSIDENT WIRD, SAGT ER, BETONIERT ER DAS STADION!
QUATSCH!
JCH FÜRCHTE...
... DER MACHT DAS!
SO, WIE DIE MANNSCHAFT SPIELT, IST DAS KEINE SCHLECHTE JDEE!
Eine Meldung der POLIZEI kommt herein: „20 fliegende Betonmischmaschinen im Anflug auf das OLYMPIA-Stadion. Entfernung: 5 Meilen!"
WIE WEIT SIND 5 MEILEN?
NICHT WEIT GENUG!
HEY, NACHWUCHSGENIE, TU WAS!
ABER NUR, WENN ICH VIZEPRÄSIDENT WERDE!
NOCH EINER...
NOCH EINER, MIT DEM WIR TEILEN MÜSSEN...
Aber weil weniger immer noch besser ist als garnichts, sagt Geier, Max:
JN MAMMONS NAMEN, O.K.!

Darüber ärgert sich Kralle natürlich. Er ärgert sich sogar sehr. Er läuft sofort hinauf ins Stadion, sieht den vorneweg fliegenden Betonmischmaschinen-Hubschrauber Schreckhubers und wird wütend. Wir wissen, was passiert, wann Kralle wütend wird: Er bläht sich auf, und je größer seine Wut, umso größer wird Kralle . . .

Schreckhuber im Cockpit seines Hubschraubers kann nicht glauben, was er da sieht – was außer ihm auch keiner im Stadion sehen kann – und es passiert, was passieren muß. Noch lange danach wurde gerätselt, warum sein Hubschrauber plötzlich in der Luft stehenblieb und Schreckhuber herunterbrüllte:

Und wir wollen gebeutelt und gekrummpinselt sein, wenn das nicht alles wahr ist. Naja, vielleicht nicht alles. Eines aber ist wahrer als alles andere: Der Beton ist sofort steinhart geworden und Josef Schreckhuber, Senator und Dr. h.c., steht heute noch als sein eigenes Denkmal am Stadioneingang gleich rechts.

PS: Schreckhubers Dackel Joschka, wie sein Herrchen auch ein schlauer Hund, hatte allein versucht, den Hubschrauber zurückzufliegen. Bei dem Versuch, einer Schreckhuber'schen Fertigbetonplattenfabrik auszuweichen, rettete er das Werk vor der Zerstörung, bohrte sich aber mit dem roten Heli tief in eine noch unbebaute grüne Wiese. Joschka wurde in Beton und seinem Herrchen ans Bein gegossen.

Einige Jahre später beendete Kralle seine Karriere zum Entsetzen seiner Mailänder Fans frühzeitig. Fußball war kein Geschäft mehr.
Die Champions World League hatte sich zu Tode vermarktet. Anfangs hatten noch Milliarden von Fernsehzuschauern die täglichen Fußballübertragungen, manchmal waren es 8, manchmal 10 Stunden, eingeschaltet. Dann sank das Interesse an diesem Sport drastisch. Dieselben Mannschaften spielten unentwegt gegen dieselben Mannschaften. Man kannte nicht nur die Spiele, sondern auch die Lebensgewohnheiten sämtlicher Spieler, auch ihre Frauen, ihre Kinder, Brüder, Schwestern, Tanten, wußte um sämtliche Statistiken, die sorgfältig speicherten, mit welcher Drehzahl ein Linksschuß des Rechtsfüßlers X abgegeben wurde oder wie oft und wann der Manndecker B. mit seiner Frau schlafen durfte.
Ausschlaggebend für die wachsende Verdrossenheit der Zuschauer aber war der Entschluß der Sponsoren, das Spiel in vier Viertel zu teilen, um noch mehr Werbespots unterzubringen.
Als dann noch mittenhinein in das Spiel geworben wurde, wobei in diesem Moment geschossene Tore keine Rolle spielten, sanken die Einschaltquoten gegen Null. Augenblicklich reagierten Sponsoren und Fernsehanstalten und zogen sich zurück.

Professor Ensdekat war begeistert von der Idee, Kralle als Politiker zu verkaufen. Er hoffte, auf diese Weise seine Pleite mit der Strauß-Replik wettmachen zu können. Er stellte sofort einen Lehrplan zusammen und nützte seine alten Verbindungen, um die allerbesten Lehrmeister zu gewinnen.

Kralles erster Lehrmeister: Reservekanzler Wolfgang Schäuble!
ZUNÄCHST EINMAL, JUNGER FREUND, MÜSSEN SIE HART SEIN GEGEN SKRUPEL ALLER ART!
ICH HABE GELERNT, LERNEN MÜSSEN, WIE MAN AUS EINEM BLAUEN ENGEL EINEN ROTEN TEUFEL MACHT!
JA ABER..
FÜR DIE ERHALTUNG DES GANZEN! AUCH WENN DAS GANZE SCHRECKLICH IST. JEDER POLITISCHE GEGNER HAT EINEN HAKEN...
...HAT MAN DEN GEFUNDEN...
I ♥ Rudi!
...KANN MAN IHM BEQUEM ETWAS ANHÄNGEN!
HAT ES EINEN BESTIMMTEN GRUND, DASS SIE NIE LÄCHELN?
SELBSTUERSTÄNDLICH!

Für den Umgang mit den Medien ein Tip aus Saarbrücken
...UND BEHANDELN SIE JOURNALISTEN IMMER SO, WIE ES IHNEN GEBÜHRT!
GRUNZ! OINK
Sogar der Herr Bundeskanzler war zu einer Lehrstunde bereit...
ACHTEN SIE IMMER AUF SAUBERKEIT IM POLITI CHEN UMFELD!
Nur nach Termin-vereinbarung bei MinDir. J. Weber
MEINER IST SCHON SAUBER, FRAU MERKEL!

Nach einigen Wochen wird Kralle bei einer Pressekonferenz als neue Attraktion der Regierungsparteien vorgestellt. Sechsundzwanzig Sponsoren sind an seiner politischen Karriere interessiert. Es ist üblich geworden, Politiker mit Exklusiv-Verträgen an die Konzerne zu binden, wobei frühere Landesgrenzen keine Rolle mehr spielen. Geier, Max, an Fußball nicht mehr interessiert, hat die PR-Betreuung von Welt-Butter übernommen und vorher den deutschen Umweltminister für eine Ablösesumme von 2,1 Millionen als stellvertretenden Außenminister nach Kasachstan verkauft. Geier, Hans, erinnert sich an die alte Praxis der Bayern, erfolglose Politiker auf die Bank zu setzen, er vermittelt Goppel, Gauweiler und von Waldenfels für eine Ablösesumme von jeweils 360 DM an drei Münchner Großbanken. Klaus Kinkel steht auf der Transferliste der Deutschen Bank und wird vermutlich nach Taiwan wechseln. Edzard Reuter wird nicht Regierender Bürgermeister von Berlin, sondern türkischer Verkehrsminister. Der belgische Innenminister wird deutscher Außenminister (Shell), drei ehemalige japanische Ministerpräsidenten treten in das deutsche Kabinett ein (Sony) und Edmund Stoiber (Flick-Zwick-Zwicknagel) wird König von Togo.

Kralle mochte es nicht glauben. Evelyn war doch sein Freund …?
KRALLE, DU MUSST WEIT WEG VON HIER! DIE MAMMONITEN WITTERN WIEDER MORGENLUFT!

Aber statt ihm zur Flucht zu verhelfen …
GIB AUF, DU BLÖDMANN! DU WIRST UNS NIE MEHR LOS!
… hatte Evelyn seinen Freund Kralle an die Mammoniten verkauft.

Das ärgerte Kralle. Er lief rot an...

... und blähte sich auf.

Kralle wachte in seiner Wiege auf. Es war sein erster schwerer Traum.
Niemand in der Verwandtschaft hat jemals geglaubt, was Tante Rita immer wieder beteuert hat!
Kralle soll gesagt haben: